Renate Sültz & Uwe H. Sültz

# Notizbuch für
# PORSCHE Fahrer

BoD - Books on Demand

Norderstedt 2017

Bibliografische Inf[illegible]urch die Deutsche Nat[illegible]hek

Die Deutsche Natio[illegible]k verzeichnet diese Publikation in der D[illegible]Nationalbibliografie; detaillierte bibliografi[illegible] sind im Internet über http://dnb.dnb.de abrufbar.

FSC
www.fsc.org
MIX
Papier aus verantwortungsvollen Quellen
Paper from responsible sources
FSC® C105338



Herstellung und Verlag:

BoD – Books on Demand, Norderstedt

ISBN 9-78374-4-80158-4

**Ein kleines Notizbuch für PORSCHE Fahrer.**

**Hier lassen sich alle wichtigen Dinge eintragen, die für den Fahrer von Bedeutung sind. Die letzte Tankfüllung beim Oldtimer. Wann mache ich den Oldtimer winterfest? Wo ist das nächste Club-Treffen? Wie hoch war der Verbrauch? Wie waren noch die Telefonnummern meiner PORSCHE-Freunde? Für diese und ähnliche Fragen haben Sie hier auf über 80 Seiten Platz für Antworten.**

**Wir wünschen allzeit eine unfallfreie Fahrt! Kommen Sie heil und gesund an Ihr Ziel und wieder nach Hause!**

Sültz Bücher